ENTIENDE TU

Mente y Tu Cuerpo

Pérdida de la Audición

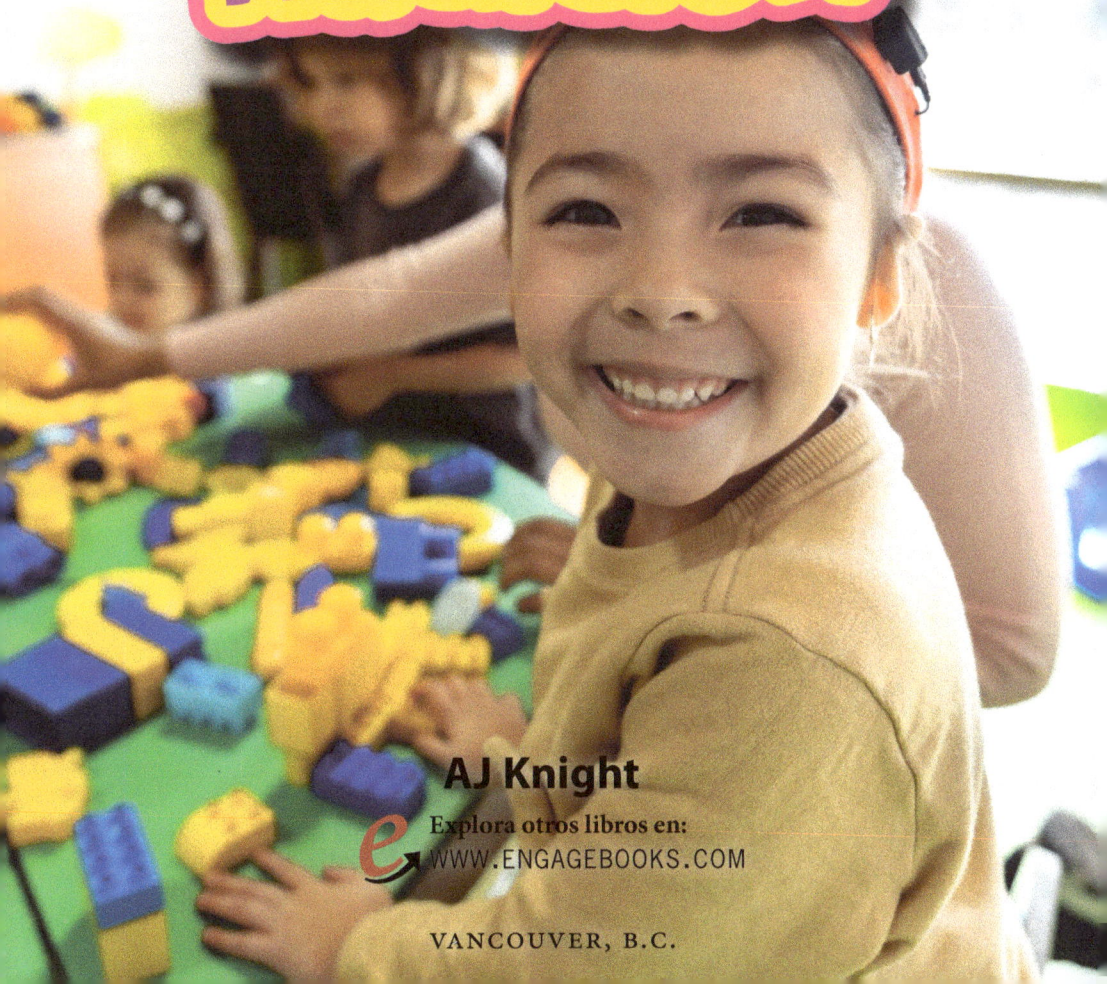

AJ Knight

Explora otros libros en:
WWW.ENGAGEBOOKS.COM

VANCOUVER, B.C.

e WWW.ENGAGEBOOKS.COM

Pérdida de la Audición: Entiende Tu Mente y Tu Cuerpo
Knight, AJ
Texto © 2024 Engage Books
Diseño © 2024 Engage Books

Editado por: A.R. Roumanis Ashley Lee,
Melody Sun y Sarah Harvey
Diseño de: Mandy Christiansen

Texto establecido en Montserrat Regular.
Encabezados de capítulo en Hobgoblin.

PRIMERA EDICIÓN / PRIMERA IMPRESIÓN

Este libro no pretende reemplazar el consejo de un profesional de la salud ni de ser una herramienta para el diagnóstico. Es un medio educativo para ayudar a los niños a entender por lo que ellos u otras personas están pasando.

Se ha hecho todo esfuerzo razonable para contactar a los titulares de derechos de autor de todo el material reproducido en este libro.

LIBRARY AND ARCHIVES CANADA CATALOGUING IN PUBLICATION

Title: Hearing loss / AJ Knight.
Names: Knight, AJ, author.
Description: Series statement: Understand your mind and body

Identifiers: Canadiana (print) 20230447015 | Canadiana (ebook) 20230447023
ISBN 978-1-77878-169-8 (hardcover)
ISBN 978-1-77878-170-4 (softcover)
ISBN 978-1-77878-171-1 (epub)
ISBN 978-1-77878 172-8 (pdf)
ISBN 978-1-77878-112-4 (audio)

Subjects:
LCSH: Deafness in children—Juvenile literature.
LCSH: Deafness—Juvenile literature.
LCSH: Deafness—Prevention—Juvenile literature.
LCSH: Deafness—Treatment—Juvenile literature.

Classification: LCC RF291.5.C45 K65 2023 | DDC J618.92/0978—DC23

This project has been made possible in part
by the Government of Canada.

Canada

Índice

¿Qué Es la Pérdida de Audición?

Las personas con pérdida de la audición no pueden escuchar tan bien como otras personas. Alguien puede tener pérdida de la audición en uno o ambos oídos. Algunas personas solo pierden una pequeña parte de su audición.

Aproximadamente 1.5 mil millones de personas en todo el mundo tienen pérdida de audición.

Otras pierden mucho. Las personas con pérdida de la audición pueden **identificarse** como sordas. La comunidad de personas sordas es un grupo que comparte la experiencia de tener pérdida de la audición. Hay muchas formas diferentes de ser sordo, y todas son válidas.

PALABRA CLAVE

Identificarse:
Cuando alguien se considera parte de un determinado grupo.

¿Qué Causa la Pérdida de la Audición?

Hay muchas razones por las cuales alguien puede tener pérdida de audición. Algunas personas nacen con pérdida de la audición, mientras que otras la adquieren después. A veces, la pérdida de audición es hereditaria en las familias.

Aproximadamente el 90 por ciento de los niños nacidos con pérdida de la audición nacen de padres oyentes.

Una de las causas más comunes de la pérdida de la audición es el ruido fuerte. También puede ser causada por algunas enfermedades. Muchas personas desarrollan pérdida de la audición a medida que envejecen.

¿Cómo Afecta la Pérdida de Audición a tu Cerebro?

La **corteza auditiva** es la parte del cerebro que ayuda a las personas a entender el sonido. Puede cambiar en las personas con pérdida de la audición para ayudarles a entender mejor las **vibraciones**. Esto les permite disfrutar de la música sintiendo las vibraciones musicales.

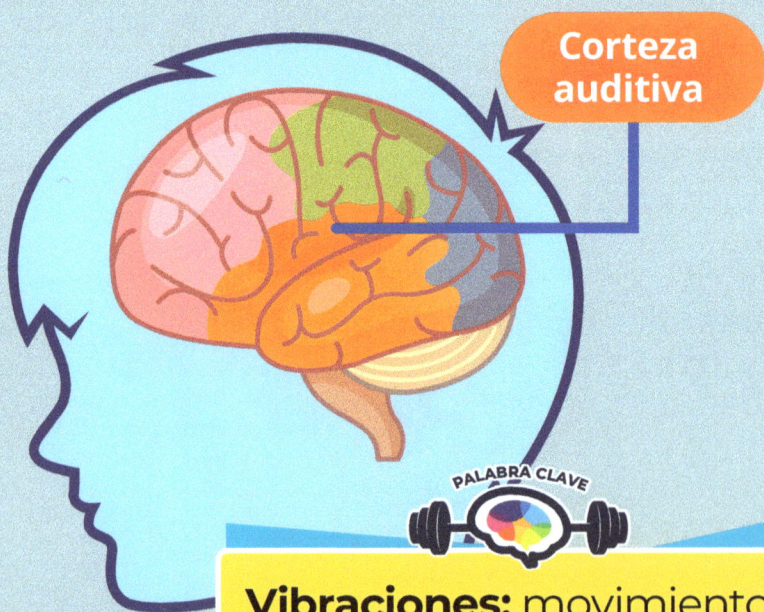

Corteza auditiva

PALABRA CLAVE

Vibraciones: movimientos de rápida velocidad que van de un lado al otro.

La salud mental de una persona puede verse afectada cuando descubre por primera vez que tiene pérdida de la audición. Pueden sentirse tristes, preocupados o **estresados**. Puede llevar algún tiempo que estos sentimientos desaparezcan.

PALABRA CLAVE

Estresado: cuando las personas se sienten incómodas con alguna situación que está sucediendo.

¿Cómo Afecta la Pérdida de Audición a tu Cuerpo?

El oído tiene tres partes principales. Estas son el oído interno, el oído medio y el oído externo. Estas tres partes ayudan a las personas a escuchar.

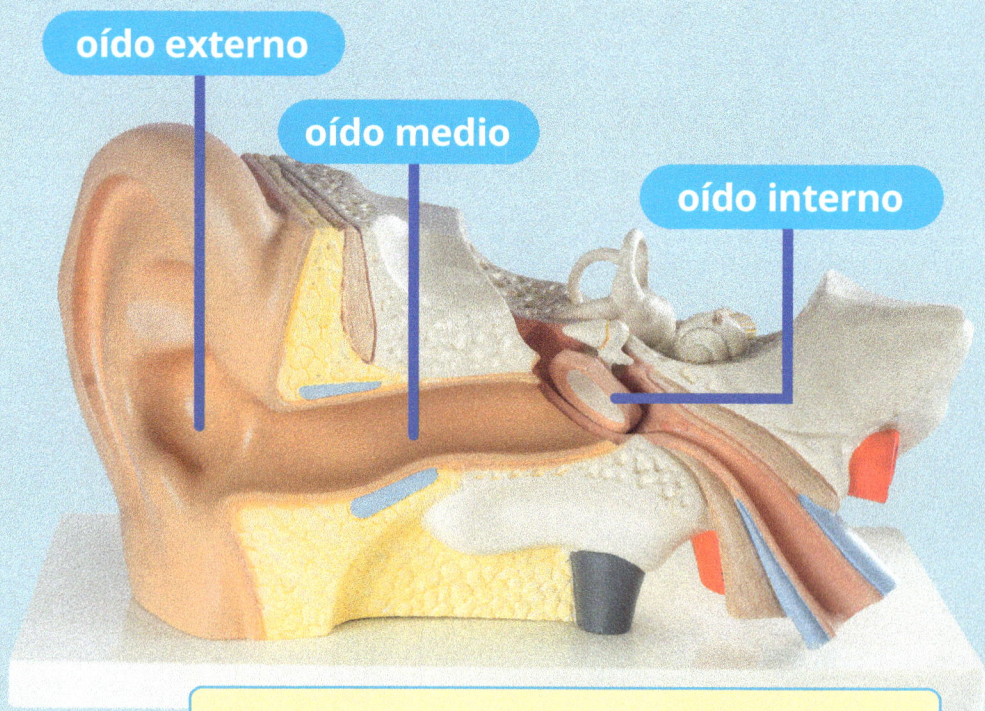

oído externo

oído medio

oído interno

El oído interno es la parte del oído afectada por los ruidos fuertes.

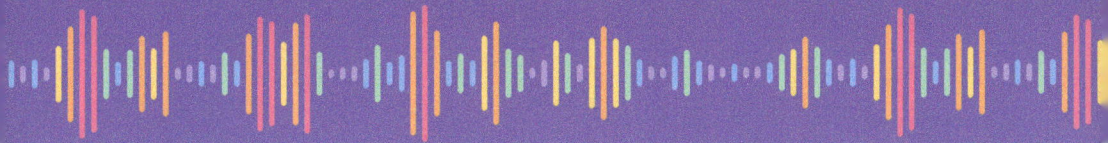

La pérdida de la audición puede afectar cualquiera de estas tres partes. También puede afectar a más de una parte del oído. La pérdida de la audición que afecta al oído interno y al oído medio o externo se llama pérdida de audición mixta.

¿Cómo Es Tener Pérdida de Audición?

Las personas con pérdida de la audición pueden tener dificultades para escuchar en lugares ruidosos o cuando varias personas hablan al mismo tiempo. También pueden tener problemas para determinar de dónde proviene un sonido.

Algunas personas con pérdida de audición pueden utilizar dispositivos para ayudarles a escuchar mejor. Los audífonos amplifican los sonidos y se llevan detrás de la oreja. Los implantes cocleares se colocan en el oído interno mediante cirugía. Ayudan a las personas a comprender mejor ciertos sonidos.

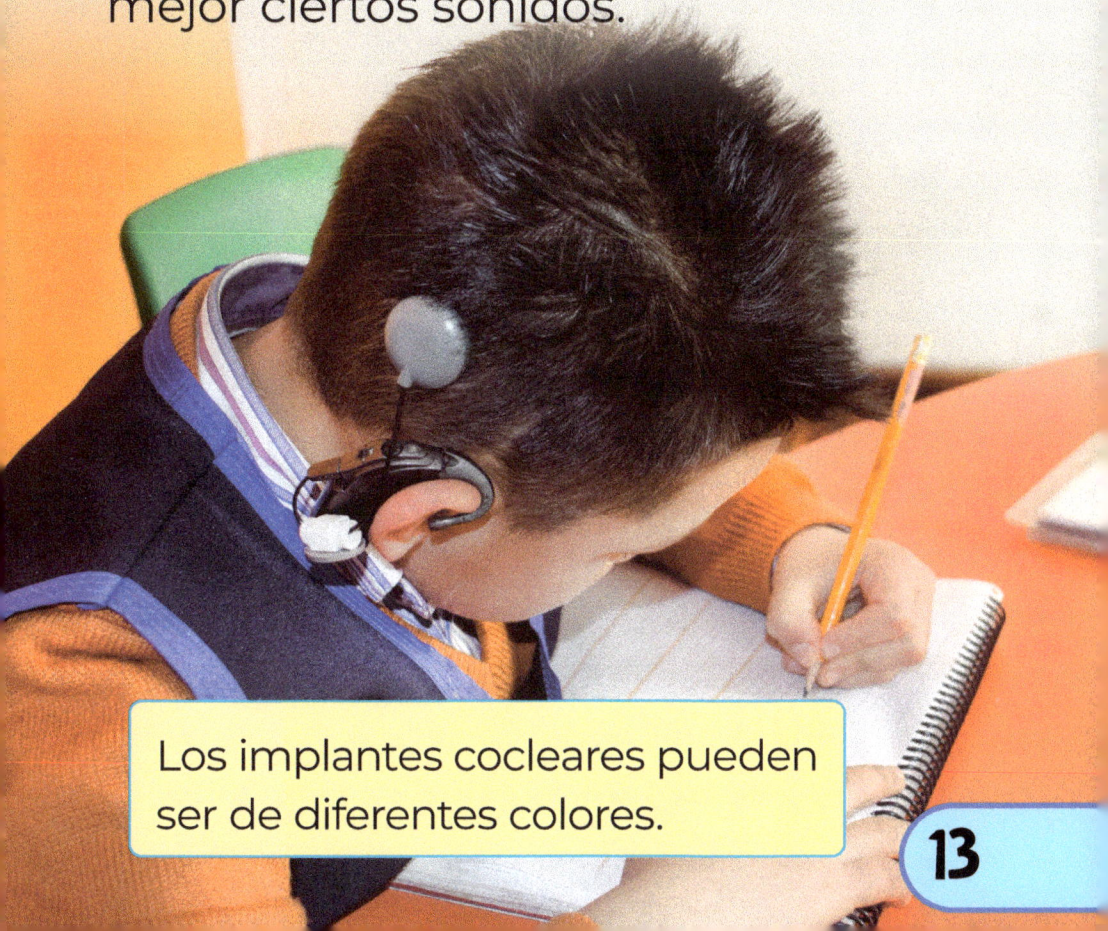

Los implantes cocleares pueden ser de diferentes colores.

13

¿Puede Desaparecer la Pérdida de la Audición?

Algunos tipos de pérdida de audición pueden desaparecer. La pérdida de audición **temporal** puede ser causada por ruidos fuertes o demasiada cera en los oídos. Un médico puede encontrar la causa y proporcionar atención médica.

PALABRA CLAVE

Temporario: que dura un corto periodo de tiempo

La pérdida temporal de audición producida por ruidos fuertes suele mejorar al ir a un lugar tranquilo.

Algunas pérdidas de audición
no desaparecen. Esto está bien.
Las personas con pérdida de
audición todavía pueden vivir
vidas plenas.

Cómo Pedir Ayuda

Habla con un adulto si notas cambios en tu audición. Un adulto puede ayudarte a entender por qué ha cambiado tu audición y si debes consultar a un médico. Un médico puede encontrar la causa o proporcionarte dispositivos para mejorar tu audición.

"Me cuesta oír a mi profesor durante la clase. ¿Podemos hacer revisar mis oídos?"

"Mis oídos han estado sonando todo el día. ¿Sabes por qué?"

"Me duele el oído izquierdo y me cuesta oír. ¿Podemos ir al médico?"

Cómo Ayudar a Otras Personas con Pérdida de Audición

Cuando las personas hablan entre ellas, todos deben esforzarse por que la conversación funcione. Cuando hables con alguien que tiene pérdida de audición, hay algunas cosas que puedes hacer para asegurarte de que estás comunicándote adecuadamente.

Habla de manera normal.
Habla más fuerte o más despacio solo si alguien te lo pide. No asumas que debes gritar al hablar con alguien que tiene pérdida de audición.

Hablen de uno en uno.

Tómate turnos para hablar. Trata de no hablar cuando otra persona esté hablando. Esto hará que sea más fácil para todos entender la conversación.

Aprende un lenguaje de señas.

Los lenguajes de señas son idiomas en los que las personas se comunican usando sus manos en lugar de sus bocas. Hay muchos lenguajes de señas diferentes. Investiga en línea para descubrir cuál se utiliza en tu área.

La Historia de la Pérdida de Audición

Thomas Hopkins Gallaudet creó el Lenguaje de Señas Americano a principios de 1800. Quería ayudar a la hija sorda de su vecino. Abrió la primera escuela para sordos de América en 1817 con un hombre sordo francés llamado Laurent Clerc.

En el siglo XIX, las bocinas eran populares entre las personas con pérdida de audición. El extremo pequeño de un cuerno se colocaba en el oído y el extremo grande sobresalía. El cuerno recogería el sonido para que las personas pudieran escuchar.

Miller Reece Hutchison estaba en un barco con un amigo cuando notó que su amigo no podía oír el silbido del barco. Miller quiso ayudarlo por lo que empezó a estudiar sobre la audición en la escuela. El inventó los primeros audífonos electrónicos en 1898.

Superhéroes de la Pérdida de Audición

Las personas con pérdida de audición a veces pueden sentirse solas. Pero hay muchas personas en todo el mundo que también la tienen. Aquí hay algunos superhéroes que están ayudando a las personas con pérdida de audición.

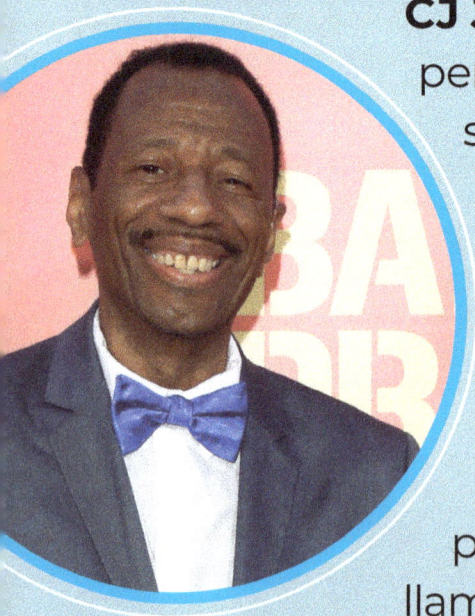

CJ Jones es un actor que perdió la audición a los siete años después de enfermarse. CJ ha trabajado duro para asegurarse de que las personas con pérdida de audición se sientan aceptadas. Creó un programa de televisión llamado "Once Upon a Sign"; que cuenta cuentos de hadas usando el lenguaje de señas.

Chella Man es un artista sordo. Obtuvo sus primeros implantes cocleares a los 12 años después de perder gradualmente la audición. Chella utiliza sus **redes sociales** para enseñar a las personas sobre la pérdida de audición.

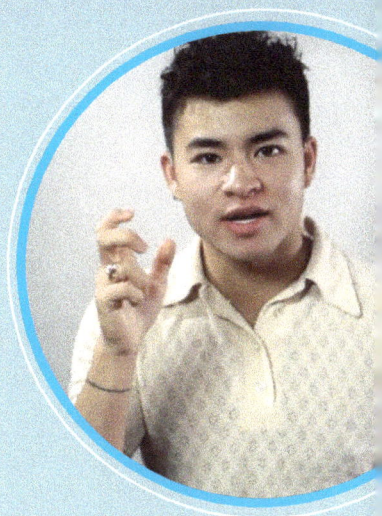

PALABRA CLAVE

Redes sociales: sitios webs como Instagram que permiten a las personas comunicarse con otras.

Millicent Simmonds es una actriz que perdió la audición cuando era niña. Su madre aprendió el lenguaje de señas y se lo enseñó a Millicent. Ahora Millicent ayuda a concienciar sobre la comunidad sorda.

23

Consejo para la Pérdida de Audición 1: Proteger Tus Oídos

La pérdida de audición puede empeorar si no tienes cuidado. Pero hay cosas simples que puedes hacer para proteger tu audición. Baja el volumen cuando uses auriculares. Intenta mantenerte alejado de ruidos fuertes.

Si vas a estar cerca de ruidos fuertes, usa algo para proteger tus oídos. Los auriculares con cancelación de ruido se ven igual que los auriculares normales, pero ayudan a bloquear el sonido. Los tapones para los oídos están hechos de un material suave y se colocan dentro del oído. También ayudan a bloquear el sonido.

Consejo para la Pérdida de Audición 2: Adaptar tu Vida

Adaptarse significa cambiar algo para que se ajuste a una nueva situación o para mejorar las cosas. Puedes adaptarte a la pérdida de audición utilizando apoyos adicionales. Los apoyos son cosas que te ayudan.

1. Usa un timbre que se ilumine en lugar de que suene.

2. Usa un reloj despertador que vibre.

3. Activa los subtítulos en las películas y programas de televisión.

4. Usa un **intérprete de lenguaje de señas**.

PALABRA CLAVE

Intérprete de lenguaje de señas: alguien que puede ayudar a las personas que usan lenguaje de señas a comunicarse con otras personas que no saben este lenguaje.

Consejo Número 3 para la Pérdida de Audición: Relacionarse con los Demá

Tener amigos es agradable para cualquiera. Pero conectarse con otras personas como tú puede ayudarte a sentirte parte de la comunidad sorda. Conéctate con la comunidad sorda en tu área o pide ayuda a un adulto para conectarte en línea.

La comunidad sorda tiene su propia cultura. La comunidad y su **cultura** ayudan a las personas a sentir que pertenecen. Ayudan a las personas a sentirse bien consigo mismas.

PALABRA CLAVE

Cultura: los valores, creencias, y comportamientos de un grupo de personas.

Cuestionario

Prueba tus conocimientos sobre la pérdida de audición respondiendo a las siguientes preguntas. Las preguntas se basan en lo que has leído en este libro. Las respuestas se encuentran en la parte inferior de la siguiente página.

1 ¿Cuántas personas en todo el mundo tienen pérdida de audición?

2 ¿Cuál es una de las causas más comunes de la pérdida de audición?

3 ¿Cuáles son las tres partes principales del oído?

4 ¿Qué son los lenguajes de señas?

5 ¿Qué debes hacer si vas a estar cerca de ruidos fuertes?

6 ¿Qué es la cultura?

Explora Otros Libros de Nivel 3

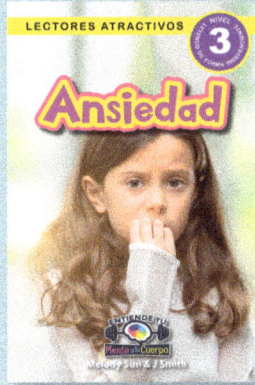

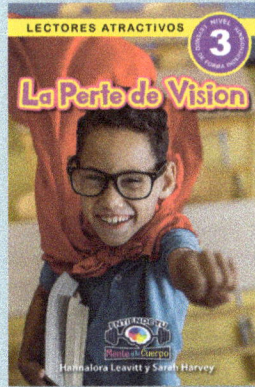

LECTORES ATRACTIVOS **3**
TDAH
AJ Knight

LECTORES ATRACTIVOS **3**
Ansiedad
Melody Sun & J Smith

LECTORES ATRACTIVOS **3**
Asma
Sarah Harvey

LECTORES ATRACTIVOS **3**
Diabetes
Kit Caudron-Robinson

LECTORES ATRACTIVOS **3**
Dislexia
Alexis Roumanis

LECTORES ATRACTIVOS **3**
Imagen Corporal
Ashley Lee & J Smith

LECTORES ATRACTIVOS **3**
Obesidad
Kit Caudron-Robinson

LECTORES ATRACTIVOS **3**
La Perte de Vision
Hannalora Leavitt y Sarah Harvey

LECTORES ATRACTIVOS **3**
Trastornos del Habla
AJ Knight

Visita www.engagebooks.com/readers

Respuestas: 1. Alrededor de 1.5 mil millones 2. El ruido fuerte 3. El oído interno, el oído medio y el oído externo 4. Idiomas en los que las personas se comunican usando sus manos en lugar de sus bocas. 5. Usa algo para proteger tus oídos. 6. Los valores, creencias y comportamientos de un grupo de personas.

www.ingramcontent.com/pod-product-compliance
Lightning Source LLC
Chambersburg PA
CBHW040227040426
42331CB00039B/3446